7 Décembre 1898

VENTE

DU MERCREDI 7 DÉCEMBRE 1898

HOTEL DROUOT, SALLE N° 5

à deux heures

OBJETS D'ART

ET

D'AMEUBLEMENT

FAIENCES ET PORCELAINES

Objets de vitrine, Objets variés

PENDULES ET BRONZES

MEUBLES, TAPIS

EXPOSITION PUBLIQUE

LE MARDI 6 DÉCEMBRE 1898

DE 1 HEURE 1/2 A 5 HEURES 1/2

COMMISSAIRE-PRISEUR

Me PAUL CHEVALLIER

10 rue Grange-Batelière, 10

EXPERTS

MM. MANNHEIM

7, rue Saint-Georges, 7

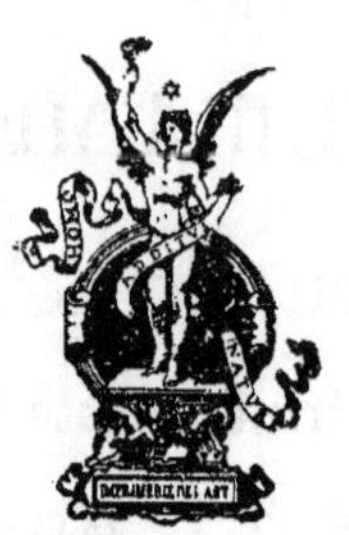

CONDITIONS DE LA VENTE

Elle sera faite au comptant.

Les acquéreurs paieront *cinq pour cent* en sus des adjudications.

L'exposition mettant le public à même de se rendre compte de l'état et de la nature des objets, il ne sera admis aucune réclamation une fois l'adjudication prononcée.

Paris. — Imp. de l'Art, E. Moreau et Cie, 41, rue de la Victoire.

DÉSIGNATION DES OBJETS

FAIENCES ET PORCELAINES

1 — Légumier avec couvercle, décor de fleurs. Louisbourg.

2 — Compotier, fleurs. Louisbourg.

3 — Deux assiettes creuses, fleurs. Chantilly.

4 — Tasse et soucoupe, Saxe-Marcolini, ornées d'une initiale enguirlandée de fleurs.

5 — Paire de flambeaux en porcelaine, genre Saxe, à fleurs et rocailles.

6 — Compotier, à décor de poissons. Chine.

7 — Six assiettes variées. Chine et Compagnie des Indes.

8 — Assiette. Japon.

9 — Petit bassin à deux anses, fleurs. Marseille.

10 — Assiette, fleurs. Strasbourg.

11 — Jardinière, fleurs. Strasbourg.

12 — Cartel porte-montre, orné d'un buste de femme, en faïence.

13 — Assiette, à décor de rinceaux fleuris en couleur et dorure sur le marli. Porcelaine de Vienne.

14 — Petite bouteille, à couverte dite foie de mulet. Chine.

15 — Deux pièces : petit vase simulant une grenade, émaillé violet, et récipient de forme aplatie, émaillé gris verdâtre. Chine.

16 — Coupe en céladon gris craquelé, Chine ; montée en bronze.

17 — Petit groupe : Femme et Enfant, ancienne porcelaine de Chine, famille rose.

18 — Pot ovoïde, décor bleu, rouge et or, Japon ; monté bronze.

19 — Plat rond, décor bleu, rouge et or, armoirie et feuillages. Japon.

20 — Quatre pièces : petite coupe, porcelaine, ornée de fleurs ; compotier, chrysanthèmes, Japon , et deux compotiers, décor bleu : animaux. Chine.

21 — Trois pièces, porcelaine laquée et burgautée, Japon : deux vases et pitong.

22 — Bouteille émaillée rouge haricot. Chine.

23 — Trois soucoupes, feuillages. Céramique japonaise.

24 — Hanap en ancien grès flamand, décor de rinceaux.

25 — Petit pot en ancien grès de Nassau : initiales, couronnes et rinceaux.

26 — Trois plats variés de dimension, décor bleu : arbustes. Tournai.

27 — Figurine de femme debout. Tanagra ; pied en marbre et bronze.

28 — Jardinière de forme carrée, fleurs. Ancienne porcelaine de Lorraine.

29 — Plat décoré d'animaux et feuilles en bleu et orangé. Ancienne faïence italienne.

30 — Petit pot orné d'un personnage, de style oriental ; faïence.

31 — Coupe quadrilobée, décor vert. Moustiers.

32 — Deux pièces : théière et flacon à thé, boccaro.

33 — Paire de vases, porcelaine laquée, chrysanthèmes, sur fond craquelé. Japon.

34 — Paire de chimères, céramique émaillée bleu-turquoise.

35 — Fontaine-applique en faïence, à décor de fleurs et personnage tenant un étendard.

36 — Deux vases en faïence, décor de personnages ; anses serpents.

37 — Plat long en faïence de Moustiers, décor bleu, à fleurs et ornements.

38 — Deux assiettes, même faïence, décorées de grotesques en camaïeu vert.

39 — Plat à barbe en faïence de Nevers, décor bleu et rébus.

40 — Six assiettes, à bords festonnés, en faïence de Rouen, décor polychrome de fleurs au centre et ornements au marli.

41 — Petite coupe ronde en faïence de Nevers, à décor bleu.

42 — Six assiettes diverses, à décors variés.

43 — Plat long en faïence de Strasbourg, décoré de fleurs polychromes.

44 — Deux seaux cylindriques, l'un à décor bleu, l'autre polychrome.

45 — Deux groupes en faïence blanche de Lorraine.

46 — Horloge avec cadran en faïence, décor polychrome.

47 — Plat rond en faïence de Nevers, décor bleu, de style chinois.

48 — Quatre saladiers en faïence de Rouen et de Nevers, décors polychromes variés.

49 — Deux plats ronds de Rouen, décors variés.

50 — Plat en faïence de Delft, décor polychrome à fleurs.

51 — Deux théières. Japon.

52 — Bonbonnière. Porcelaine de Vienne, fleurs et personnages.

53 — Tasse et soucoupe en ancienne porcelaine tendre de Sèvres, fleurs.

OBJETS DE VITRINE

54 — Broche en or, ornée d'un saphir.

55 — Bracelet en or, décoré d'un motif enrichi de demi-perles.

56 — Deux pièces : très petite boîte en agate et cuivre, et broche, pierres de couleur et argent.

57 — Petit grattoir, fer ciselé.

58 — Miniature sur vélin : portrait de femme à mi-corps, richement vêtue. XVIIIe siècle.

59 — Miniature à l'huile sur cuivre : portrait d'homme portant perruque. XVIIe siècle.

60 — Miniature ovale sur cuivre : portrait de femme en buste, presque de face, vêtue de blanc. Commencement du XVIIe siècle.

61 — Trois très petites miniatures : personnages.

62 — Deux agrafes variées en jade blanc de la Chine.

*

63 — Boîte ronde en laque burgautée. Japon.

64 — Cinq netzukés, ivoire. Japon.

65 — Flacon en forme de femme debout, argent.

66 — Figurine en argent de personnage debout.

67 — Deux manches de couteaux en os sculpté : animaux.

68 — Boîte contenant un médaillon bas-relief en buis : buste d'homme. Travail allemand.

69 — Éventail à monture d'ivoire, feuille à sujet pastoral. Époque Louis XVI.

70 — Quatre éventails.

71 — Deux tasses avec soucoupes, argent gravé : feuillages et initiales.

72 — Bonbonnière ronde en pierre.

73 — Aumônière, velours bleu ciselé.

74 — Très petit chandelier en bronze. Ancien travail français.

75 — Deux médaillons, bas-reliefs en bronze : têtes de Minerve et d'Hercule. Ancien travail italien.

76 — Miniature sur cuivre : portrait de femme en buste.

OBJETS VARIÉS

77 — Bas-relief en marbre blanc : buste de profil du pape Innocent XI (Odescalchi). On lit au revers : *Pavlvs-Morelvs Scvl.* Encadré.

78 — Vase funéraire chinois sur tige cannelée et à large base en bois dur orné de plaques de jade ajouré, à décor de fleurs et rinceaux.

79 — Paire de chenets en fer.

80 — Trois cadres en pâte dorée.

81 — Paire de chenets, fer.

82 — Satuette de saint Paul, en marbre blanc.

83 — Trois petits panneaux peints : portraits d'hommes et tableau de sainteté.

84 — Un volume. L'architecture, par *Henri Hondius*. Amsterdam 1628.

85 — Petit cabinet à quatre tiroirs, bois sculpté, genre gothique.

86 — Écusson armorié, bois sculpté.

87 — Douze pièces, plaqué : neuf cuillers, moulin à poivre, deux petits plateaux pour coquetiers.

88 — Peinture sur cuivre: Tobie et l'Ange. XVIIe siècle.

89 — Miroir de toilette en verre de Venise.

90 — Trois pièces : deux vases en verre marbré et coupe en verre craquelé.

91 — Petit vase à panse surbaissée en granit gris.

92 — Corbeille, cuivre argenté.

93 — Quarante fourchettes, argent (armoriées).

94 — Petite balance du XVIIIe siècle.

95 — Arbuste en bois sculpté, orné de motifs allégoriques.

96 — Pupitre en maroquin rouge doré. XVIIIe siècle.

97 — Porte-bouquet en verre, orné d'une carpe.

98 — Deux instruments de musique orientaux.

99 — Quatre panneaux, bois sculpté, peint et doré : sujet saint et feuillages. XVIe siècle.

100 — Deux petits cadres dorés.

PENDULES ET BRONZES

101 — Cartel en bronze, surmonté d'une urne enguirlandée et terminé par un mascaron tête d'homme.

102 — Pendule décorée au vernis : danses de paysans.

103 — Paire de chandeliers en bronze, tige balustre, décor de bossages.

104 — Paire d'appliques, à une lumière, en bronze.

105 — Paire de girandoles, à quatre lumières, en bronze argenté, tige balustre à pans. XVIIIe siècle.

106 — Statuette en bronze : la Diane, de *Falguière.*

107 — Deux flambeaux variés, cuivre.

108 — Paire de girandoles en plaqué, à quatre lumières. Style Louis XV.

109 — Paire de bras-appliques, à trois lumières, en bronze. Style Louis XVI.

110 — Deux petits bouts de table, à trois lumières, en bronze, tiges figurines.

111 — Paire de flambeaux-balustres cannelés en cuivre argenté.

112 — Statuette en bronze du Japon : portefaix.

113 — Réduction de la Vénus de Milo, bronze de Barbedienne. Signé.

114 — Deux paires d'appliques, cuivre. XVIIe siècle.

MEUBLES

115 — Grande glace, de style Louis XIII, à moulures guillochées en bois noir et appliques en cuivre estampé.

116 — Petite glace avec cadre à compartiments en bois doré. Époque Louis XV.

117 — Console Louis XV en bois sculpté, à fleurs et ornements, et à dessus de marbre.

118 — Rouet en bois tourné, du XVIIIe siècle.

119 — Table à jouer, de style Louis XIII, marqueterie de bois et d'ivoire.

120 — Petit écran de cheminée en bois, à moulures et feuille en tapisserie au point à fond noir. XVIIe siècle.

121 — Bahut à montants sculptés à cariatides et panneau incrusté portant la date de 1672.

122-123 — Deux tables à quatre pieds-balustres reliés par une entretoise surmontée d'un vase tourné. XVIIe siècle.

124 — Petit cabinet à six tiroirs, plaqué de bois noir, de palissandre et incrusté de filets d'ivoire.

125 — Crédence fermant à portes et tiroirs en bois sculpté.

126 — Deux fauteuils et une chaise couverts en étoffe imitant la tapisserie.

127 — Fauteuil Louis XV en bois sculpté, couvert en tapisserie au point.

128-129 — Deux commodes, bois sculpté et cuivre, à motifs rocaille.

130 — Console, bois sculpté.

131 — Petite table en bois sculpté.

132 — Coffre en bois sculpté : armoiries, cavaliers et feuillages.

133 — Petit meuble à hauteur d'appui, à porte, tiroir et étagères d'angle ; bois de placage. Garnitures de cuivre.

134 — Petit meuble à hauteur d'appui en bois de placage : casier, tiroir et porte. Garnitures de cuivre.

135 — Deux petits meubles à hauteur d'appui en bois de placages à tiroir et porte. Garnitures de cuivre.

136 — Commode en acajou et bronzes, à trois tiroirs. Dessus de marbre noir.

137 — Fauteuil Louis XVI en bois sculpté, couvert en moire rayée et brochée à fleurs.

TAPIS

138 — Carpette d'Orient, à fond rouge; bordure triple à fonds noir, jaune et bleu.

139 — Tapis d'Orient à fond blanc, bordures à palmettes.

140 — Tapis, chemin de billard.

141 — Carpette orientale à fond vert.

142 — Trois pièces : deux petits carrés de tapis d'Orient et un coussin oriental.

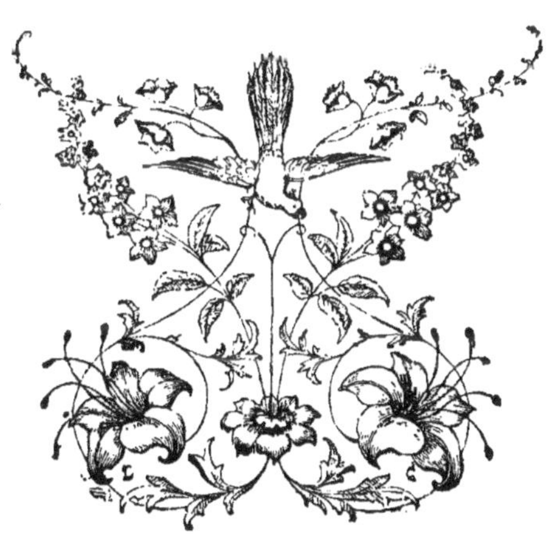

www.ingramcontent.com/pod-product-compliance
Lightning Source LLC
LaVergne TN
LVHW010340230826
846091LV00009B/3970

* 9 7 8 2 3 2 9 4 6 2 4 6 2 *